W0187862

Heribert Becker (Hg.)
GETEILTE NÄCHTE
Erotiken des Surrealismus

Publiziert bei
Edition Nautilus ▪ **Edition Moderne**

Editorische Notiz: Der Quellennachweis der einzelnen Texte findet sich im Anhang. Die Übersetzungen machten: Heribert Becker (Eluard, Péret, Breton, Char, Prévert, de Chazal, Nougé, Mansour, Mariën, Scutenaire, Pierre, Le Brun); Heribert Becker/Milan Nápravník (Nápravník); Rudolf Wittkopf (Desnos); Ré Soupault (Soupault); Ilse Walter-Dulk/Robert Weisert (Aragon); Johannes Hübner/Lothar Klünner (Breton/Eluard).

Gemeinschaftsproduktion der Verlage
Edition Nautilus Verlag Lutz Schulenburg
Hassestr. 22 · D-2050 Hamburg 80
und **Edition Moderne**, Kreuzstr. 41, CH-8022 Zürich.
Copyright (c) by Lutz Schulenburg. Alle Rechte vorbehalten.
1. Auflage 1990 · ISBN: 3-89401-177-7
Printed in Germany

Valentine Hugo: Traum vom 21. Dezember 1929, 1929

KARO-DAME

Als ganz junger Mensch habe ich meine Arme der Reinheit geöffnet. Es war nur ein Flügelschlagen am Himmel meiner Ewigkeit, nur das Schlagen eines liebenden Herzens, wie es in einer eroberten Brust pocht. Ich konnte nicht mehr fallen.

Die Liebe liebend. Wahrhaftig, mich blendet das Licht. Ich habe noch genug davon in mir, um die Nacht zu betrachten, die ganze Nacht, alle Nächte.

Alle Jungfrauen sind verschieden. Ich träume immer von einer Jungfrau.

In der Schule sitzt sie in der Bank vor mir, im schwarzen Schulkittel. Wenn sie sich umdreht, um mich nach der Lösung einer Aufgabe zu fragen, macht mich die Unschuld ihrer Augen so verlegen, daß sie, sich meiner Verwirrung erbarmend, die Arme um meinen Hals legt.

Woanders verläßt sie mich. Sie geht an Bord eines Schiffes. Wir sind uns beinahe fremd, doch ihre Jugendlichkeit ist so stark, daß ihr Kuß mich gar nicht wundert.

Oder wenn sie krank ist, dann ist es ihre Hand, die ich in den meinigen halte, bis ich dran sterbe, bis ich erwache.

Ich laufe um so schneller zu den Verabredungen mit ihr, je mehr ich fürchte, nicht rechtzeitig da zu sein, ehe andere Gedanken mich mir selber entziehen.

Einmal stand unmittelbar das Ende der Welt bevor, und wir wußten gar nichts von unserer Liebe. Mit langsamen, liebkosenden Kopfbewegungen hat sie meine Lippen gesucht. Ich habe in jener Nacht geglaubt, ich würde sie zurückbringen an den Tag.

Und es ist immer dasselbe Geständnis, dieselbe Jugendlichkeit, dieselben lauteren Augen, dieselbe naive

Gebärde ihrer Arme um meinem Hals, dieselbe Lieb-
kosung, dieselbe Enthüllung.
Doch es ist nie dieselbe Frau.
Die Karten haben gesagt, ich würde ihr im Leben be-
gegnen, *aber ohne sie zu erkennen.*
Die Liebe liebend.

Paul Eluard

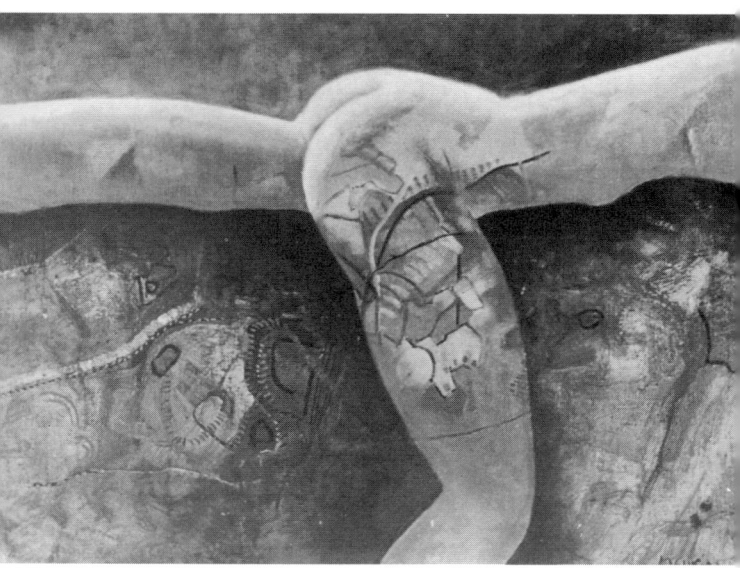

Georges Malkine: Die Tätowierte, 1929

DER CLUB DER SPERMATRINKER

Im zweiten Stock angelangt, klingelte der junge Mann an einer Wohnungstür. Ein hochgewachsener, goldbetreßter Diener öffnete ihm und führte ihn in einen großen Salon. Er nahm in einem Ledersessel Platz, der in der Nähe eines Tischchens von der Art eines Brigdetisches stand. Die Diener des Clubs der Spermatrinker bemühten sich um ihn. Nachdem er einen edlen Tropfen gewählt hatte, senegalesisches Sperma, Jahrgang des Schiffbruchs der *Medusa,* zündete sich Freibeuter Sanglot eine Zigarette an.

Der Club der Spermatrinker ist eine riesige Organisation. Von ihr bezahlte Frauen masturbieren in der ganzen Welt die schönsten Männer. Eine Spezialtruppe widmet sich dem Sammeln von weiblichem Likör. Kenner schätzen ebenfalls sehr eine bestimmte Mischung, die nach wundervollen Sturmangriffen im natürlichen Brunnenbecken gesammelt wird. Jede Lese wird in eine kleine Ampulle aus Kristall, Glas oder Silber gefüllt, versiegelt, sorgfältig etikettiert und unter genauer Beachtung aller Vorsichtsmaßregeln nach Paris geschickt. Der selbstlose Einsatz der Agenten des Clubs ist beispiellos. Manch einer hat bei einer gefährlichen Unternehmung schon den Tod gefunden, doch jeder widmet sich der ihm gestellten Aufgabe mit leidenschaftlichem Eifer. Mehr noch, sie verfallen auf immer genialere Ideen. Der eine sammelt das Sperma eines in Frankreich zur Guillotine oder in England zum Tod durch den Strang Verurteilten, was diesen Ergüssen, je nach Art der Hinrichtung, einen Geschmack nach Seerose oder nach Nuß gibt. Ein anderer mordet Mädchen und füllt seine Ampullen mit dem Samenlikör, den deren Liebhaber ejakulieren, wenn sie aus seinem eigenen Munde die schreckliche Nachricht hören. Wieder ein anderer, in einem Mädchenpensionat in England tätig, sammelt den Beweis der Erregung einer jungen Schülerin, die, ohne daß es die Lehrerinnen bemerkt haben, geschlechtsreif geworden ist und gerade eines kleinen Verstoßes wegen in Gegenwart ihrer Mitschülerinnen und vielleicht eines durch den Zufall, diesen Gott der Liebesfreuden, dort hingeratenen Gymnasiasten, mit hochgeschlagenen Röcken und heruntergezogenem Schlüpfer Schläge mit der Rute kriegen soll. Die Gründer des Clubs, große Okkultisten, hatten ihre erste Versammlung zu Beginn der Restauration. Für den Fortbestand der Vereinigung sorgten unter der doppelten Ägide von Liebe und Freiheit deren Nachkommen. Ein gewisser Dichter hat seinerzeit bedauert, daß die Gesellschaft nicht schon in den letzten Tagen der alten Ära gegründet wurde. Man hätte so das Sperma Christi wie auch das des Judas sammeln können, und dann, im Laufe der Jahrhunderte, das des Charles Stuart von England, das von Ravaillac und die Liebestränen der Mlle de Lavallière, als diese sich in ihrer Karosse beim sinnlichen Traben der Pferde auf dem Wege nach Chaillot befand, wie auch jene der Théroigne de Méricourt auf der Terrasse der Feuillants, und auch die herrlichen Spermen, die in den roten Jahren auf den Tribünen der Revolutionäre ebenso sicher flossen wie das Blut, mit dem sie sich mischten. Ein anderer beklagte fortwährend den Verlust des göttlichen Getränks, das der Malvasier sein mußte, in dem der Herzog von Clarence ertränkt wurde.

Die Mitglieder des Clubs lieben das Meer. Der Geruch von Phosphor, der ihm entströmt, macht sie trunken, und unter den Trümmern auf den Stränden – Schiffswracks, Fischgräten und Überreste versunkener Städte – finden sie die Atmosphäre der Liebe, vernehmen jenes Seufzen, das unserem Gehör das tatsächliche Vorhandensein von etwas Eingebildetem bezeugt, lauschen dem eigentümlichen Knistern trockenen Seegrases,

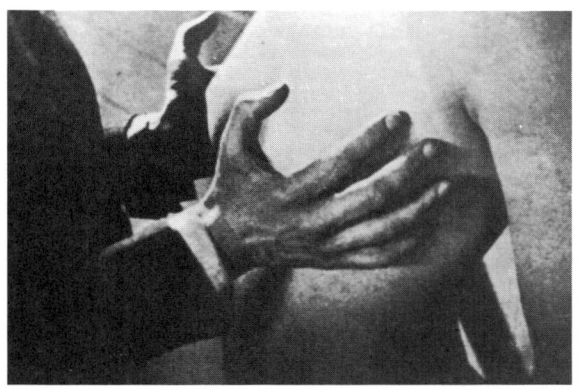

Luis Buñuel / Salvador Dalí: Ein andalusischer Hund (Film), 1929

atmen das herrliche Aphrodisiakum Meerambra ein und erfreuen sich am Plätschern der weißen Wellen, die den badenden Frauen gegen ihr Geschlecht und ihre Schenkel schlagen und, wenn sie ihnen bis zur Taille reichen, den Badeanzug an die Haut klatschen. Wie lange trank Sanglot nun schon? Es wurde bereits Nacht. Als der erste Stern erschien, lag zu seinen Füßen eine beträchtliche Anzahl zerbrochener Ampullen, angefangen mit jener aus weißem Glas des Senegalesen bis zu der gelben der Eskimos, deren Essenz kein Tageslicht verträgt, da jene sich gewöhnlich nur während der sechs Monate polarer Finsternis lieben.

Robert Desnos

GEORGETTE

Unweit des Pont-Neuf wurde sie mit jemandem einig, der mit seiner Baskenmütze wie ein Student aussah. Sie führte ihn in ein Hotel. Kurzentschlossen wandte sich Jacques an die Hotelwirtin und erhielt gegen Bezahlung das Nachbarzimmer des Raums, in dem der Student sich entkleidete. Wir waren enttäuscht von der Banalität dieser Begegnung. Georgette verlangte zuerst ihren Lohn; dann, nachdem sie wegen der geringen Summe protestiert hatte, erklärte sie, es eilig zu haben, denn sie sei mit einem Spanier verabredet.

Jacques und ich konnten unsere Freude nicht verbergen. Georgette war also nichts weiter als ein banales Freudenmädchen, und wir, der eine wie der andere, hatten sie mit einem Geheimnis umgeben, das komplett erfunden war. Schon neigten wir dazu, unsere Verfolgung aufzugeben oder, um die Sache vom Herzen zu haben, mit Georgette zu schlafen.

Als aber die charakteristischen Geräusche und das darauf folgende Schweigen uns ankündigten, daß alles zu Ende war, verließen wir das Zimmer und nahmen unsere Überwachung am Hoteleingang wieder auf. Wir wollten doch wenigstens wissen, wer der Spanier war.

Georgette nahm ihren Marsch durch Paris und die Nacht wieder auf. Sie schritt voran und verjagte die Trauer, die Einsamkeit, die Angst. Besonders zu dieser Stunde machte sich ihre seltsame Macht bemerkbar: Sie verstand es, die Nacht zu verklären. Dank Georgette, die doch nur eine von Tausenden war, wurde die Nacht von Paris ein unbekanntes Gebiet, ein ungeheures, wunderbares Land voller Blumen, Vögel, Blicke, Sterne, eine in den Raum geworfene Hoffnung. Sklave meiner Gedanken, dachte ich an ein Velodrom. (...)

In jener Nacht, als wir Georgette folgten oder genauer gesagt *ver*folgten, sah ich Paris zum ersten Mal. Die Stadt war also nicht immer dieselbe. Sie erhob sich über Nebeln, drehte sich um sich selbst wie die Erde, weiblicher als gewöhnlich. In jeder Einzelheit, die ich bemerkte, war sie ganz vorhanden. Und Georgette selbst wurde eine Stadt. Als wir den Palais-Royal erreichten, gab mir Jacques zu verstehen, daß er lieber allein sein wollte. Er dankte mir und versprach, mir Fortsetzung und Ende seines Abenteuers zu erzählen.

Ich verließ ihn also, aber ohne Eile und ohne Bedauern. Die Avenue de l'Opéra war nicht mehr der Fluß, dem ich immer gefolgt war, auch nicht die Straße, die man sich vorstellt. Sie war ein großer, glitzernder Schatten wie ein Gletscher, den man erobern und dann umarmen mußte wie eine Frau.

In der Ferne trieb der Eisberg, die große Masse der Oper, die unter dem Gewicht des nahen Morgens schwankte. Ich wartete von einer Minute auf die andere, daß dieser Berg sich plötzlich auf den Kopf stellte und daß die Glocken auf dieses Zeichen warteten, um ihr Angelusläuten loszulassen.

Am folgenden Tag und an den anderen Tagen wartete ich vergeblich auf Nachricht von Jacques. Ich rief ihn an.

Er sagte mir, er hätte mit Georgette geschlafen.

„Und?" fragte ich.

„Nichts von Bedeutung", antwortete er. Dann sprach er von etwas anderem.

Doch in diesem Augenblick brach im Osten von Paris ein Unwetter los.

Ich war selbstverständlich entschlossen, nicht so ohne weiteres die Spuren dieser seltsamen jungen Frau zu verlassen, deren Laufbahn noch sonderbarer schien als ihr Schatten. Ich hoffte sehr, sie eines Nachts wieder-

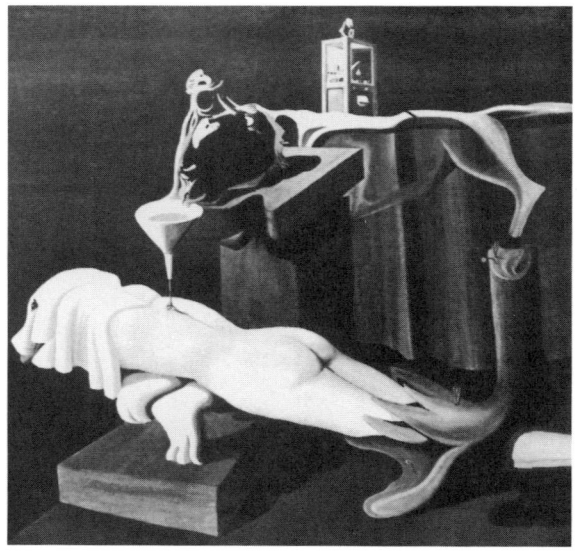

Oscar Dominguez: Die elektrosexuelle Nähmaschine, 1934

zufinden und sie nicht mehr aus den Augen zu lassen, ohne ihre wirkliche Identität entdeckt zu haben.

Ich erinnerte mich vor allem an ihr Kindergesicht, in dem sich aber auch schon Zeichen des Alters bemerkbar machten. Ihre Bewegungen hatten etwas beunruhigend Zickzackartiges, zugleich aber waren sie anziehend. Um sie herum brodelte ein mehr oder minder farbiger Dampf.

Gewiß, ich wußte, daß sie allem Anschein nach nur eine banale Prostituierte war, wie sie in Paris herumlaufen und die sich alle, wie man so sagt, mehr oder weniger ähnlich sehen. Georgette war trotzdem anders, und darin lag ihr Zauber; der Schein trog offenbar.

Hinter diesem Alltagsschleier, unter der Schminke, war ihre Nacktheit nahe, und man konnte sozusagen ihren Duft atmen, der ihr gehörte, ihr ganz allein.

Doch was ihrer Erscheinung einen ganz anderen Zauber verlieh, war die Tatsache, daß sie einem Schatten glich. Man hatte Grund, sich zu wundern – und das tat ich auch – über die gewisse Macht, die es ihr erlaubte, einer Beurteilung zu entgehen. Bald glich sie dem Schimmer des Lichts, bald dessen Geschwistern, den Schatten. Sie entzog sich der Erinnerung und den Worten wie ein Fisch, der davongleitet. Sie verschwand und blieb dennoch gegenwärtig, ja, sie wurde sogar sperrig und riesenhaft.

Ich konnte sie mir nicht besser vorstellen als durch diese Worte: das Lächeln eines Schattens.

Daß dieses Bild ihr entsprach, wurde mir durch ihre Lebensweise bestätigt. Sie liebte nur die Nacht, die sie sich jeden Abend aneignete, und ihre Art und Weise wurde erst wirklich, wenn sie sich aus dem Licht entfernte, um in die Finsternis einzutreten. Wenn man sie aufmerksam ansah, konnte man sich nicht vorstellen, daß sie tagsüber lebte. Sie war die personifizierte Nacht, und ihre Schönheit war nächtlich.

So wie man völlig unbewußt sagt: hell wie der Tag, so konnte man Georgette nicht anders bezeichnen als: schön wie die Nacht. Ich denke an ihre Augen, an ihre Zähne, an ihre Hände, an diese Blässe, die sie ganz und gar bedeckte. Und ich vergesse nicht die Frische, die sie begleitete. Mir scheint, daß Georgette mit dem Vorrücken der Nacht begehrenswerter wurde, daß jede Stunde sie mehr entkleidete und ihre Nacktheit zur Erscheinung brachte.

All das sind Erinnerungen, die sich verirren und Feuer fangen; all das sind Begierden der Nacht, aber Georgette hatte verstanden, daß sie, um schön und begehrenswert zu sein, mit der Nacht eins werden müsse, mit dem immer gegenwärtigen Geheimnis.

Philippe Soupault

DIE MILD GEWORDENEN GEIER

„Was kitzelt mir am angenehmsten den Schwanz? Eine Feder, ein welkes Blatt, ein Droschkenkutscher oder 'ne Engelmacherin?" fragte sich der Vicomte Wichsherr von Schlappschwanz.

Und um zu erfahren, wie es damit stand, riß der Vicomte seinem Papagei eine prachtvolle grüne Feder aus, worauf der Vogel natürlich im ganzen Salon herumflatterte und kreischte:

„Schwuler Bock! Elender schwuler Bock! Ich werde dir mit dem Schnabel keinen mehr zupfen."

Doch der Vicomte kümmerte sich einen Dreck um das Protestgezeter seines Papageis. Mit einem kräftigen Ruck ließ er den Knopf von seinem Hosentürchen springen, fing an, die schöne grüne Feder über seinen riesigen, roten Pimmel wandern zu lassen, und dachte daran, wie sehr dies „Papa geil" machte. Seine Latte, die aufragte wie eine Pappel, war auch im Spiegel zu sehen und bildete eine lange Stammreihe von Bäumen, die ein Winterwind hin- und herschwanken ließ.

„Was für ein Wetter!" sagte der Spiegel über dem Kamin, und der Schwanz des Vicomte nickte wie besessen mit dem Kopfende: „Ein Sauwetter, es wird gleich regnen!" Tatsächlich zeichnete sich schon wenig später ein Miniatur-Regenbogen auf dem genannten Schwanz ab, den die Feder mit ständig wachsender Inbrunst rieb, während Wichsherrs Geseufze derart die Wandbehänge bauschte, daß man hätte meinen können, irgendein Voyeur verberge sich dahinter. Plötzlich zerriß lautes Geschrei die Luft, und die vier Türen, die in den Salon führten, sprangen alle gleichzeitig auf. Vier Frauenzimmer, deren ganze Kleidung aus einem gefiederten Godmiché bestand, kamen ins Zimmer gerannt, während hinter dem Wandbehang die schönsten Beine der Welt auftauchten und ein Stöhnen laut

wurde, das ganz allein imstande war, Glimmer in eine
Autofahrerbrille zu verwandeln.

„Monsieur le Vicomte haben gerufen?" fragten die vier
Frauen wie aus einem Mund.

„Ja, meine Kinder, mir kommt es gleich."

Und das Gebrüll des Vicomtes tönte lauter und durch-
dringender denn je, so daß der Spiegel der Länge nach
in der Mitte zersprang und das Bild einer großen Möse
hervortreten ließ, aus der sich eine so wohlriechende
Samenkaskade ergoß, daß jeder tausend Pimmel oder
Brüste in sich schwellen fühlte.

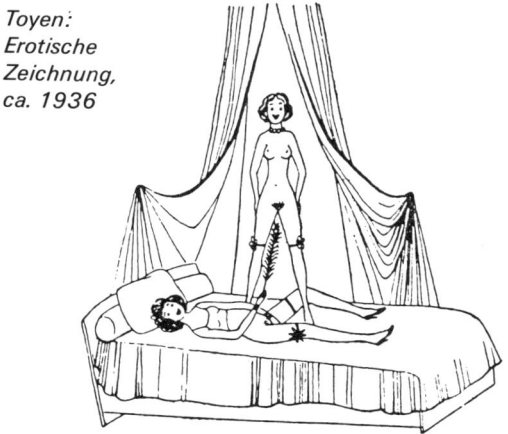

Toyen:
Erotische
Zeichnung,
ca. 1936

Die vier Frauen hatten sich rings um Wichsherr zu
Boden gekauert und befummelten sich gegenseitig,
wobei sie kleine, spitze Schreie ausstießen, die den
Papagei aufschreckten. Das Federvieh flog – nachdem
es in einem Bidet, in dem Kresse wuchs, gebadet und
Flüche ausgestoßen hatte wie „Herrgottsakrament,
muß man so brüllen, um zum Orgasmus zu kommen!"

– flog fort und suchte den Hund, der vor sich hin döste; er trieb mit ihm, was er seinen Herrn hatte treiben sehen. Er rieb mit seinem Flügel den kleinen Pimmel des Köters, bis dieser, aufwachend, zugleich eine Zunge und eine Art rotes Radieschen darbot, die den Papagei dermaßen in Erregung versetzten, daß er ihn auf der Stelle arschfickte. Doch die beiden Tiere machten einen solchen Lärm, daß es Wichsherr von Schlappschwanz und seinen vier Gespielinnen nicht gelingen wollte, zum Höhepunkt zu kommen. Es war Wichsherr, der als erster den Grund ihres Scheiterns erriet. Er stand auf und stürzte sich auf die Tiere, sich dabei weiterhin mit der Feder bearbeitend. Er ergriff den Papagei am Kopf und entriß ihn der Umarmung des Hundes, der mit wütendem Gebell hinter ihm her lief.

Dann packte er eine hochgewachsene Blondine, die sich wie eine Besessene die Knospe rieb, und zwar mit einer Taschenuhr, die dem Vicomte bei seinen Übungen abhanden gekommen war und die er von seinem Großvater hatte, der Hauptmann der kaiserlichen Garde gewesen war, ein Mordskerl, der besagte Uhr von einem Offizier erhalten hatte, der bei der Belagerung von Sewastopol von ihm gefangen genommen und gearschfickt worden war. Doch die Uhr, die es nicht gewohnt war, in dieser Weise zweckentfremdet zu werden, wußte nicht mehr, wo ihr der Zeiger stand, und als Wichsherr das Weib ergriff, war sie kurz vor dem Orgasmus, schleuderte alle ihre Zahnräder weit von sich und bohrte ihre Zeiger in die Spalte der Frau.

Wichsherr riß dieser die Uhr aus der Hand und warf sie nach dem Hund, der sie in seiner Erregung verschluckte und der Frau den noch munteren Papagei in die Möse schob, wobei er ihr ins Ohr flüsterte:

„Da, mein Lollie, spritz'!"

Flügelschlagend kreischte der Papagei weiter wie ein ganzer Indianerstamm, während die Frau, die keuchte

18

wie der Blasebalg in einer Schmiede, besessen vor sich hin miaute und Wichsherr ihr ins Ohr spritzte.

Der Hund, der nichts Besseres zu tun hatte, stürzte sich auf die Möse im Spiegel und rieb sich wie ein Wilder an ihr, wobei er ein solches Lustgekläff von sich gab, daß er in jener Möse bald ein Echo wachrief. Doch der Hund, der Nachäfferei nicht ausstehen konnte, wurde selbst rasch zum Spiegel, und eine der Frauen ergriff ihn, steckte ihn sich zwischen die Beine und wichste sich noch inbrünstiger als zuvor. Dies führte zu einigen Trübungen in dem Spiegel, der einer aufgewühlten See ähnlich wurde und sich dann – die Frau wurde immer feuchter – über und über mit Pimmeln bedeckte, die nach und nach zu einem einzigen, riesengroßen verschmolzen: zu einem Gemächt so dick wie der Obelisk, auf dem die Adern ein vollständiges hieroglyphisches Gedicht hervortreten ließen:

GEDICHT AUF EINEM PIMMEL GELESEN

Sie verkaufte Radieschen und Kresse
Kresse von ihrer Scholle
und Radieschen die sie gewichset hatten
Sie war eine schöne Maid
deren Popo man in allen Ecken sah
und die Ecken waren zu klein für ihren Popo
der davonflatterte wie eine Fahne
auf der Suche nach ihrer Stange
Sie sang den lieben langen Tag
ich habe einen Schwanz in meiner Hose
Ich hab' 'nen Schwanz den kriegst du nicht
den nicht
Vögle vögle wer mag
Spritzen werd' immer ich.

Benjamin Péret

IRENES MÖSE

Sie stößt mit den Lenden, wie man Schreie ausstößt. Sie dreht ihr Becken und ihren Bauch im Kreise herum, sie wölbt sich empor, ihre Schenkel öffnen sich und schmiegen sich nun um das Glied des unbeweglichen Mannes. Er weicht mit einer großartigen Gebärde zurück und zeigt seiner Gefährtin, daß seine Begierde nach ihr noch nicht nachgelassen hat. Er zieht aus der zuckenden Höhle seinen riesigen rauchenden Schwanz. Der verzichtet aber nicht, er richtet sich auf und zittert, als sein empfindliches Ende reibend den Eingang der ihn verfolgenden Grotte verläßt. Die vollen Hoden schlagen sanft die Möse. Junger Bürger, fleißiger Arbeiter und du, hoher Beamter dieser Republik, ich erlaube euch, einen Blick auf Irènes Möse zu werden.

Oh, die zarte Möse von Irène!

So klein und so groß! Hier fühlst du dich wohl, Mann, der du endlich dieses Namens würdig bist, hier entsprichst du der Stärke deiner Begierden. Fürchte nicht, dein Gesicht diesem Ort zu nähern, und schon kann deine Zunge, die geschwätzige, nicht mehr stillhalten; dieser Ort der Wonne und des Schattens, dieser Vorhof der Glut, und in seinen perlmuttfarbenen Grenzen das schöne Bild des Pessimismus. Oh, du Spalte, du feuchte und sanfte Spalte, du geliebter, schwindelerregender Abgrund!

In dieser menschlichen Spur setzen die endlich verlorenen Schiffe, deren Maschinerie von nun an unbrauchbar ist und die zu der Kindheit der Reisen zurückkehren, an einem behelfsmäßigen Mast das Segel der Verzweiflung. Wie schön ist das Fleisch zwischen den gelockten Schamhaaren! Unter dieser von der liebenden Axt schon geteilten Stickerei erscheint verliebt die reine, schäumende, milchige Haut. Und die zuerst vereinigten Falten der großen Schamlippen stehen weit offen. Ihr charmanten Lippen, euer Mund gleicht einem Antlitz, das sich über einen Schlafenden neigt. Nicht quer und parallel wie alle anderen Münder der Welt, sondern fein und lang und grausam gegenüber den sprechenden Lippen, die ihn mit ihrer Stille in Versuchung führen, und zu einem langen, genauen Kuß bereit; ihr anbetungswürdigen Schamlippen, die ihr den Küssen einen neuen und schrecklichen Sinn zu geben wußtet, einen auf ewig pervertierten Sinn. Wie liebe ich es, eine Möse zucken zu sehen.

Wie sie sich unseren Augen entgegenstreckt, wie sie sich reizend und erregt wölbt mit ihren Haaren, aus denen, den drei nackten Göttinnen über dem Berg Ida ähnlich, der unvergleichliche Glanz des Bauches und der Schenkel emporsteigt. Berührt, so berührt doch! Ihr könntet eure Hände nicht besser gebrauchen. Berührt dieses wollüstige Lächeln. Zeichnet mit euren Fingern diese entzückende Lücke nach. Mögen hier eure beiden unbeweglichen Handflächen, eure verliebten Finger sich mit der vorgeschobenen Wölbung vereinen und bis zu der härtesten Stelle gelangen, der besten, die den heiligen Spitzbogen zu seinem höchsten Punkt emporhebt, oh, meine Kirche! Bewegt euch nicht mehr, bleibt und profitiert jetzt mit zwei zärtlichen Daumen von dem guten Willen dieses erschöpften Kindes, dringt ein und spreizt mit euren beiden zärtlichen Daumen sanft, noch sanfter die schönen Lippen, mit euren beiden zärtlichen Daumen, euren beiden Daumen. Und jetzt, sei gegrüßt, du rosa Palast, du bleiches Etui, du von den ersten Freuden der Liebe ein wenig zerwühlter Alkoven, du in ihrem ganzen Umfang einen Augenblick sichtbare Vulva. Unter dem zerzausten Satin der Morgenröte die

Jindřich Styrský: Mann und Frau, 1934

Farbe des Sommers, wenn man die Augen schließt.
Nicht umsonst, nicht aus Zufall, nicht aus Überlegung,
sondern durch das Glück des sprachlichen Ausdrucks,
das dem Genuß, dem Fall, der Selbstaufgabe inmitten
des Samenergusses gleicht, haben die kleinen Schwe-
stern der großen Schamlippen wie eine himmlische
Segnung den Namen Nymphen bekommen, der ihnen
paßt wie ein Handschuh. Nymphen am Rande der
Springbrunnenschalen, im Herzen der sprudelnden
Wasser, Nymphen, deren Haut sich in den schattigen
Brunnenrändern spiegelt, wechselhafter als der Wind,
bei Irène nur eine anmutige Welle und bei tausend
anderen tausenderlei ausgezackte, zerrissene Ausfüh-
rungen, Klöppelspitzen der Liebe. Nymphen, ihr ver-
einigt euch zu einem Knoten der Lust, und der ist das
anbetungswürdige Knöpfchen, das unter dem Blick er-
schauert, der auf ihm liegt, das Knöpfchen, das alles

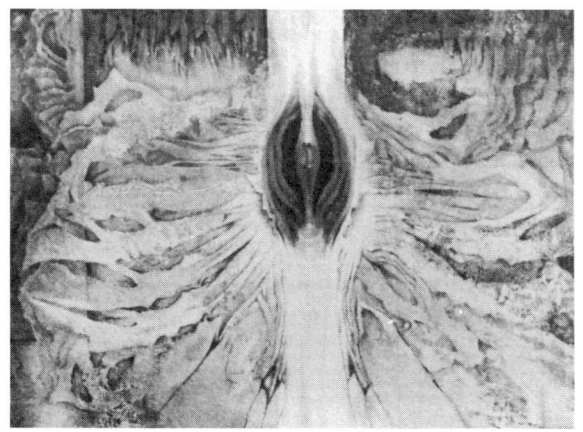

Marie Carlier: ohne Titel, ca. 1977

verwandelt, kaum daß ich es berühre. Und der Himmel wird rein, und der Körper ist viel weißer. Laßt ihn uns berühren, diesen Feuermelder. Schon perlt ein feiner Schweiß auf dem Fleisch am Horizont meiner Begierden. Schon erscheinen die Karawanen der Spasmen in der Ferne des Sandmeers. Sie sind gewandert, diese Reisenden; sie tragen das Pulver in birnenförmigen Behältern und die Waren in Kisten mit verrosteten Nägeln, sie kommen aus den Terrassenstädten und von den langen Wasserwegen, die von schwarzen Docks eingedämmt werden. Sie haben die Gebirge überschritten. Hier sind sie in ihren gestreiften Mänteln. Ihr Reisenden, eure sanfte Ermattung gleicht der Nacht. Kamele folgen ihnen, sie tragen Nahrungsmittel. Der Führer bewegt seinen Stab hin und her, und der Simun erhebt sich von der Erde – Irène erinnert sich plötzlich an den Wirbelsturm. Die Fata Morgana erscheint und ihre schönen Fontänen ... Die Fata Morgana sitzt ganz nackt in dem reinen Wind. Schöne Fata Morgana, du bist mit einem Glied versehen wie ein Drucklufthammer. Schöne Fata Morgana des Mannes, die in die Möse eindringt. Schöne Fata Morgana von einer Quelle und von schweren, saftigen Früchten. Hier sind die Reisenden so wahnsinnig geworden, ihre Lippen zu reiben. Irène ist wie ein Brückenbogen über dem Meer. Ich habe seit hundert Tagen nichts mehr getrunken, und die Seufzer löschen mir den Durst. Hach, hach! Irène ruft ihren Geliebten. Ihren Geliebten, der in einiger Entfernung seinen Pimmel reckt. Er ist steif aufgerichtet wie ein Gott über dem Abgrund. Sie bewegt sich, er flieht sie, sie bewegt sich und streckt sich. Hach! Die Oase neigt sich mit ihren hohen Palmen. Reisende, eure Burnusse drehen sich im feinen Sand. Irène keucht bis zur Erschöpfung. Er betrachtet sie. Die Möse ist feucht vom Erwarten des Pimmels. Auf dem trügerischen Salzsumpf der Schatten einer Gazelle.

Hölle, mögen deine Verdammten sich einen abstrampeln, Irène hat sich entladen.

Louis Aragon

Meret Oppenheim: Objekt

DIE LIEBE

1. Wenn die Frau auf dem Rücken und der Mann auf ihr liegt, ist es die *Cedille*.

2. Wenn der Mann auf dem Rücken und seine Geliebte auf ihm liegt, ist es das *C*.

3. Wenn der Mann und seine Geliebte auf der Seite liegen und sich ansehen, ist es die *Windschutzscheibe*.

4. Wenn der Mann und die Frau auf der Seite liegen und der Mann nur den Rücken der Frau sehen kann, ist es der *Teufelspfuhl*.

5. Wenn der Mann und seine Geliebte auf der Seite liegen, sich ansehen und sie mit ihren Beinen die Beine des Mannes umschlingt, bei weit geöffnetem Fenster, ist es die *Oase*.

6. Wenn der Mann und die Frau auf dem Rücken liegen und ein Bein der Frau quer über dem Bauch des Mannes liegt, ist es der *zerbrochene Spiegel*.

7. Wenn der Mann auf seiner Geliebten liegt, die ihn mit ihren Beinen umschlingt, ist es der *wilde Wein*.

8. Wenn der Mann und die Frau auf dem Rücken liegen, die Frau auf dem Mann, den Kopf in entgegengesetzter Richtung, während die Beine der Frau unter die Arme des Mannes geschoben sind, ist es die *Eisenbahnpfeife*.

9. Wenn die Frau mit gestreckten Beinen auf dem liegenden Mann sitzt, der ihr das Gesicht zuwendet, und sie sich dabei auf die Hände stützt, ist es die *Lektüre*.

10. Wenn die Frau mit gebeugten Knien auf dem liegenden Mann sitzt und ihm das Gesicht zuwendet, den Oberkörper zurückgebogen oder auch nicht, ist es der *Fächer*.

11. Wenn die Frau rückwärts mit gebeugten Knien auf dem liegenden Mann sitzt, ist es das *Sprungbrett*.

12. Wenn die Frau auf dem Rücken liegt und die Schenkel senkrecht hebt, ist es der *Leiervogel*.

13. Wenn die Frau, das Gesicht zum Mann, ihre Beine auf die Schultern des Mannes legt, ist es der *Luchs*.

14. Wenn die Beine der Frau angezogen sind und so vom Mann gegen seine Brust gepreßt werden, ist es der *Schild*.

15. Wenn die Beine der Frau angezogen sind, die gebeugten Knie in Höhe der Brüste, ist es die *Orchidee*.

16. Wenn nur eines der Beine gestreckt ist, ist es *nach Mitternacht*.

17. Wenn die Frau eines ihrer Beine auf die Schulter des Mannes legt und das andere Bein streckt, dann dieses auf die Schulter legt und das erstere streckt, und so abwechselnd weiter, ist es die *Nähmaschine*.

18. Wenn eines der Beine der Frau auf dem Kopf des Mannes liegt, während das andere Bein gestreckt ist, ist es der *erste Schritt*.

19. Wenn die Schenkel der Frau aufgerichtet übereinandergeschlagen sind, ist es die *Spirale*.

20. Wenn der Mann während des Problems wie ein Motor läuft und sich seiner Geliebten erfreut, ohne loszugehen, während diese nicht aufhört, seine Hüften umarmt zu halten, ist es der *immerwährende Kalender*.

21. Wenn der Mann und seine Geliebte sich einer an den Körper des anderen lehnen oder an eine Wand und, sich so aufrecht haltend, das Problem in Angriff nehmen, ist es *zum Wohle des Holzfällers*.

22. Wenn der Mann sich an eine Wand lehnt, die Frau auf den unter ihr verschränkten Händen des Mannes sitzt, die Arme um seinen Hals legt und, die Beine um seine Gürtellinie geschmiegt, sich bewegt, indem sie mit den Füßen die Wand berührt, gegen die der Mann sich lehnt, ist es die *Entführung per Boot*.

23. Wenn die Frau zugleich auf Händen und Füßen

André Masson: Verwandlung der Liebenden, 1938

steht wie ein Vierfüßler und der Mann aufrecht steht, ist es der *Ohrring*.

24. Wenn die Frau sich auf Händen und Knien befindet und der Mann am Boden kniet, ist es der *Tisch des Herrn*.

25. Wenn die Frau auf ihren Händen steht und der stehende Mann sie an den Schenkeln aufrecht hält, wobei diese um seine Flanken gelegt sind, ist es die *Rettungsboje*.

26. Wenn der Mann auf einem Stuhl sitzt und seine Geliebte, mit dem Gesicht zu ihm, auf ihm reitet, ist es der *öffentliche Park*.

27. Wenn der Mann auf einem Stuhl sitzt und seine Geliebte, mit dem Rücken zu ihm, auf ihm reitet, ist es die *Falle*.

28. Wenn der Mann steht und die Frau mit dem Oberkörper auf dem Bett liegt, ihre Schenkel um seine Taille geschlungen, ist es *Vercingetorix' Kopf*.

29. Wenn die Frau vor dem Mann auf dem Bett hockt, während er vor demselben steht, ist es das *Flohspiel*.

30. Wenn die Frau auf dem Bett kniet, das Gesicht zum Mann, der vor dem Bett steht, ist es das *Bartgras*.

31. Wenn die Frau auf dem Bett kniet, den Rücken zum Mann, der vor dem Bett steht, ist es die *Glockentaufe*.

32. Wenn sich die Jungfrau zurückbiegt, den Körper kräftig gewölbt, und nur mit Füßen und Händen oder besser mit Füßen und Kopf den Boden berührt, während der Mann kniet, ist es das *Nordlicht*.

André Breton/Paul Eluard

DIE WILDE EHE

Meine Frau mit dem Holzfeuerhaar
Mit Gedanken wie Wetterleuchten
Mit ihrer Sanduhrtaille
Meine Frau mit einer Taille wie ein Fischotter
    zwischen den Zähnen des Tigers
Meine Frau mit dem Mund wie eine Kokarde
    wie ein voll erblühter Sternenstrauß
Mit Zähnen wie Spuren einer weißen Maus auf der
    weißen Erde
Mit einer Zunge wie poliertes Ambra und Glas
Meine Frau mit einer Zunge wie eine Hostie
    die man erdolcht hat
Mit einer Zunge wie die Puppe die die Augen öffnet
    und schließt
Mit einer Zunge aus unbeschreiblichem Stein
Meine Frau mit Wimpern wie Blockschrift von Kinder-
    hand
Mit Brauen wie der Rand eines Schwalbennestes
Meine Frau mit Schläfen wie der Schiefer eines
    Gewächshausdaches
Und wie Schwitzwasser an den Fensterscheiben
Meine Frau mit ihren Champagnerschultern
Mit Schultern wie ein Springbrunnen mit Delphin-
    köpfen unter Eis
Meine Frau mit den Zündholzhandgelenken
Meine Frau mit den Zufalls- und Herzasfingern
Mit Fingern wie frisches Heu
Meine Frau mit den Marder- und Bucheckern-
    achseln
Den Johannisnacht-
Den Liguster- und Skalarennestachseln
Mit den Meerschaum- und Schleusenarmen
Und Armen wie die Verquickung von Korn und Mühle
Meine Frau mit Beinen wie Feuerwerksraketen

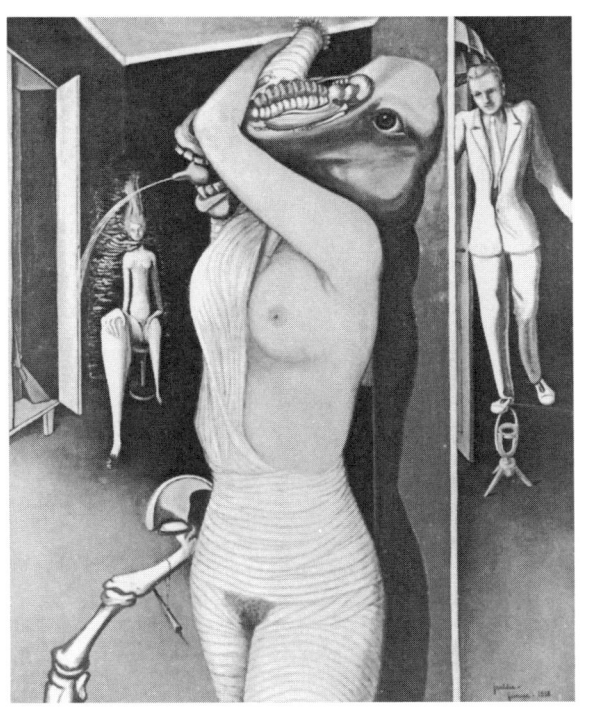

Wilhelm Freddie: Zola und Jeanne Rozerot, 1938

Mit Bewegungen wie ein Uhrwerk und wie die Verzweiflung
Meine Frau mit den Holundermarkwaden
Meine Frau mit Füßen wie Initialen
Mit Schlüsselbundfüßen mit Füßen wie trinkende Kalfaterer
Meine Frau mit ihrem Hals wie ungeschälte Gerste
Meine Frau mit dem Busen wie das Goldene Tal
Wie ein Stelldichein mitten im Bett des Wildbachs
Mit den Nachtbrüsten
Meine Frau mit Brüsten wie ein Maulwurfshügel im Meer
Meine Frau mit Brüsten wie ein Schmelztiegel für den Rubin
Mit Brüsten wie das Spektrum der Rose im Morgentau
Meine Frau mit dem Unterleib wie das Entfalten des Fächers der Tage
Mit dem Unterleib wie eine Riesenpranke
Meine Frau mit ihrem Rücken wie ein Vogel der lotrecht davonfliegt
Mit ihrem Quecksilberrücken
Ihrem Lichtrücken
Mit dem Nacken wie ein gerollter Stein und feuchte Kreide
Und das Fallen eines Glases aus dem man gerade getrunken hat
Meine Frau mit den Nachenhüften
Mit den Lüster- und Pfeilfedernhüften
Mit Hüften wie die Federkiele eines weißen Pfaus
Wie eine gefühllose Waage
Meine Frau mit dem Asbest- und Sandsteingesäß
Meine Frau mit dem Schwanenrückengesäß
Meine Frau mit dem Frühlingsgesäß
Mit ihrem Gladiolengeschlecht
Meine Frau mit der Seifengestein- und Schnabeltierscham

Meine Frau mit der Algenscham einer Scham wie
    Bonbons aus vergangenen Zeiten
Meine Frau mit dem Spiegelgeschlecht
Meine Frau mit Augen die gefüllt sind mit Tränen
Mit Augen wie eine veilchenfarbene Rüstung
    wie eine Kompaßnadel
Meine Frau mit ihren Savannenaugen
Meine Frau mit Augen wie Wasser zum Trinken im
    Kerker
Meine Frau mit Augen wie Holz das immer unter der
    Axt liegt
Mit Augen wie ein Wasserspiegel ein Luft- ein Erd-
    und ein Feuerspiegel

André Breton

GETEILTE NÄCHTE

Wir Vereinten, jedes Mal für immer Vereinten, deine Stimme füllt deine Augen aus wie das Echo den Abendhimmel. Ich steige hinab an die Küsten deiner Erscheinung. Was sagst du? Daß du niemals geglaubt hast, allein zu sein, daß du nicht mehr geträumt hast, seit ich dich sah, daß du bist wie ein Stein, den man zertrümmert, um zwei Steine zu haben, die schöner sind als ihre tote Mutter, daß du die Gestrige warst und daß du die Heutige bist, daß du keiner Tröstung bedarfst, weil du dich ja geteilt hast, um gegenwärtig eins zu sein.

Ganz Nackte, ganz Nackte, deine Brüste sind zarter als der Duft des gefrorenen Grases, und deine Schultern ruhen auf ihnen. Ganz Nackte. Du legst mit der größten Schlichtheit dein Kleid ab. Und du schließt die Augen, und es ist das Fallen eines Schattens auf einen Körper, das Fallen des gesamten Schattens über die letzten Flammen.

Die Garben der Jahreszeiten sinken in sich zusammen, du zeigst den Grund deines Herzens. Es ist das Licht des Lebens, das die kleiner werdenden Flammen nutzt, es ist eine Oase, welche die Wüste nutzt, die von der Wüste fruchtbar gemacht, die genährt wird von der Trostlosigkeit. Zarte, inhaltslose Kühle tritt an die Stelle der kreisenden Feuerstätten, durch die du darauf verfielst, mich zu begehren. Über dir gleitet dein Haar in den Abgrund, der unsere Trennung rechtfertigt.

Paul Eluard

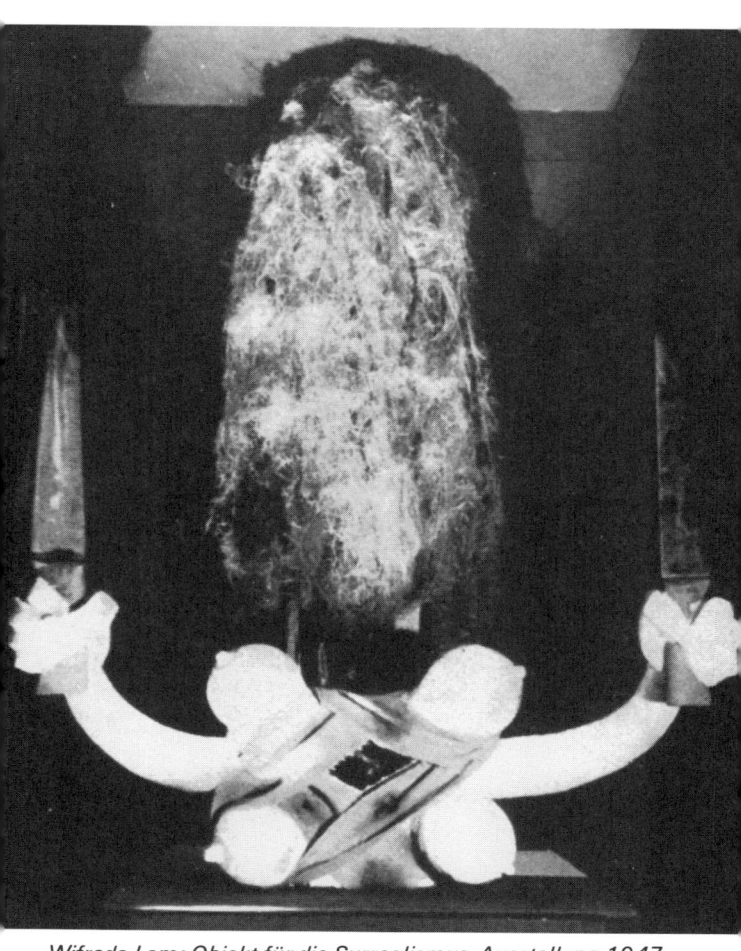

Wifredo Lam: Objekt für die Surrealismus-Ausstellung 1947

DER PROVIANT FÜR DEN RÜCKWEG

Auf dem Grunde der nacktesten Nacht
Keine Spur eines Dorfs auf der Dünung
Ich brauche nur deine Hand zu nehmen
Um den Gang deiner Träume zu ändern
Deinen Atem schöner zu machen
    entstellt durch die Rauferei

Alle Pfade die dich entkleiden
Haben im Efeugerank meines Leibs
Ihre Hunde ihre Glockenspiele verloren
Der entmooste Stengel des Sterns
Bringt dein ergriff'nes Geschlecht zum Zucken
Tausend jungfräuliche Meilen von uns

Wir bleiben taub für das schwarze Lamm
Für jeden Krakenwassertropfen
Wir haben das Bett aufgeschlagen
Für den Hohlstein des Tags auf der Suche nach Blut
Das sich wehrt.

René Char

QUELLE

Es ist *rosa* Minuten vor *rosa*
sagt der Graupelschauer der sich freut den Weißwein
    zu kühlen
und der darauf wartet irgendeines schönen Ostertages
    die Kirchen niederzuregnen
Es ist *rosa* Minuten vor *rosa*
und wenn der wütende Stier des großen Wasserfalls
    über mich herfällt
welches Wetter ist dann
unter seinen Flügeln die denen der Raben ähneln
    die man aus tausend verfallenen Türmen verjagt hat
Das Wetter ist *rosa* mit einer richtigen *rosa*nen Sonne
und ich werde *rosa* essen und *rosa* dazu trinken
bis ich in *rosa*nen Schlaf versinke
bekleidet mit *rosa*nen Träumen
und das *rosa*ne Morgengrau'n wird mich wecken
    wie einen *rosa*nen Pilz
in dem Rosas Bild zu sehen sein wird
    von einem *rosa*nen Lichthof umgeben

Benjamin Péret

ES WAR IM SOMMER

In seinen zärtlichen Händen
unter meinem gerafften Rock
war ich nackt wie noch nie
Mein blutjunger Leib
brannte lichterloh
vom Haar meines Kopfs
bis hinab zu den Zehen
Ich war eine Quelle aus siedendem Blut
sie wies seiner Wünschelrute den Weg
Wir taten das Schlechte
und das Schlechte tat gut.

Jacques Prévert

Leonora Carrington: Pferde, 1941

ANALOGIEN UND APHORISMEN

Die Täler sind die Büstenhalter des Windes.

Die Wollust ist ein gegenseitiges Sichentbinden zweier Fleischgräber auf dem öden Friedhof des Geistes.

Die weibliche Brust ist ein Apfel in einer Birne, aus der eine Weinbeere lugt. Die weibliche Brust ist das Äußerste an der Verschmelzung: alle Früchte in einer.

Die Wollust macht das Rückenmark zu einem einzigen Finger, wie um das Gehirn von innen zu berühren und zu streicheln.

Wie eine Wasserkugel, die den Wind zerfetzt und ihn Schreie ausstoßen läßt, erschießen sich die Körper in der Wollust mit der Luft ihrer Lungen, mit ihrem runden Atem.

Kuß: Zwei Schmetterlinge aus Fleisch, der eine in des anderen Fliegenfalle im purpurn getönten Azurblau ihrer Riesenflügel – zwei Unendlichkeiten in ein und demselben Liebeshimmel, rasend ihre Vereinigung suchend, so wie Licht und Farbe sich im Funkeln umschlingen.

Wie ein Faden, der sich selbst einnäht, wie eine Stickerei, die sich in sich selbst einstickt, bringt in den wiegenden Bewegungen des Beckens das Fleisch Fleisch zur Welt und macht das der Frau zum Kind ihrer selbst. Frauen „wiegen sich" beim Gehen in den Hüften. So ist es vom zarten kleinen Mädchen bis hin zur reifen Frau – und bei jeder Bewegung des Oberkörpers „entbinden" die Frauen von ihren Brüsten. Die Hüfte ist die Ur-Wiege, in der die Frauen vom heiratsfähigen Alter an mit sich selber „Puppe spielen". Frau in der Zeit der Schwangerschaft, wiege deine Hüften weich und lange, wenn du nicht willst, daß das Kind in deinem Schoß zu früh zum Leben erwacht oder sein Leben lang „schlecht geweckt" ist.

Die Männer tragen ihr Herz im Geschlecht; die Frauen tragen ihr Geschlecht im Herzen.

Eine Liebkosung der Lippen klingt im Nacken nach. Einen tiefergehenden Kuß spürt man im Hinterkopf.

Hüften und Hals hängen bei der Frau so eng miteinander zusammen, daß die Hüfte die Trägheit des Halses hat und der Hals die Lässigkeit der Hüften.

Wollust in der wahren Liebe: man ist einmütig und einheitlich zwei. Wollust im Laster: man ist allein und zu dritt.

Malcolm de Chazal

Dorothea Tanning:
Zeichnung

MITTAGSPASSAGE

Der Duft dieses Leibes streifte die zu leichten Kleider beiseite, und die untergründige Helle des Fleisches entblößte vollends die weiße, lässig hingestreckte Frau.
Auch die Wände des Zimmers hielten nicht stand, und obwohl es Schlag Mittag war, stieg plötzlich tiefschwarze, süßliche Nacht in die Fenster.
Die Hände sprachen zu der wie hingegossenen Weiße, die, wie man wußte, auf köstliche Weise prall war von Blut, und die Saugnäpfe der Augen überschwemmten mit ihm den lechzenden Kopf.
Schließlich riß das kraftvolle Rad des Rausches dies neue Universum mit sich, das so den flüssigen Gang der ersten Sekunden der Welt wiederfand.

Paul Nougé

Clovis Trouille: Der Beichtvater, 1948

KANON(E)

Sankta Teresa von Avila
In deinem Seidenkleid
Das eng das Beste umschließt was Spanien
An hübschen Dingern zustande gebracht hat
Sankta Teresa von Avila
Was für'n schönes Paar wir abgegeben hätten
Du und ich
Wie ein Händedruck vereinte Leiber
In deinem inneren Schloß
Sankta Teresa von Avila
Ganz nackt unter deinem Seidenkleid
Die Schenkel gespreizt   dein Schoß den Sternen
     entgegenklaffend
In einer lauen kastilischen Nacht.

Marcel Mariën

ICH SCHREIBE DIR EINEN BRIEF
DAMIT ICH NICHT MIT EINER RASIERKLINGE
ZU MASTURBIEREN BRAUCHE

du bist fortgegangen rings umzäunt von mir
und alle Türen gehen hinter dir zu
in mir aber öffnet sich eine Rose
in die eigentliche Mitte des Gartens
verschwenderische Stunde
ich vergeude all meine Kräfte
an den Wurzeln deiner lebenden Nerven hängend
während ich an deinen Lippen kniee
Nüsse in deine Augen schüttend
heiße Dächer über die ich barfuß balanciere
kleinste Quellen zwischen den Fingern entspringend
Fischernetz über deinen sandigen Schatten gebreitet
ich sehe rot
ein paar Augenblicke noch nach dem Mord
ich wußte nichts von diesem Zimmer aus lauter Türen
    und Fenstern
durch die man weder einzutreten noch zu entfliehen
    vermag
du bist durch das geborstene zerbröckelte Gestein
    gedrungen
sein heißes Herz ist ausgeflossen
auf einen Schierling unter meinen gekreuzten Knien
komm in die Mitte des Lichts
ich kenne die eiserne Seide
mit der ich dich kreuzigen werde am See
ich werde dich auf wunden Ellbogen wiegen
du wirst nicht fortgehen
um nicht schreien zu müssen

Zdena Holubová

DAS BLINDE TREIBEN

Das blinde Treiben deiner Hände
Auf meinen erbebenden Brüsten
Die langsamen Bewegungen deiner gelähmten Zunge
In meinen erregenden Ohren
All meine in deinen Augen ohne Pupillen ertrunkene
     Schönheit
Der Tod in deinem Bauch der mein Gehirn versehrt
Das alles macht ein seltsames Fräulein aus mir

NACHTS

Nachts bin ich der Vagabund im Land des Gehirns
Ausgestreckt auf dem Mond aus Beton
Meine Seele atmet gebändigt vom Wind
Und von der großen Musik der Halbverrückten
Die auf Strohhalmen kauen aus Mondmetall
Und die fliegen und fliegen und blindlings
Mir auf den Schädel fallen
Ich tanze den Tanz der Leere
Ich tanze auf Schnee der weiß ist vor Größenwahn
Während du hinter deinem mit Tobsucht gezuckerten
     Fenster
Mich erwartend dein Bett mit Träumen besudelst

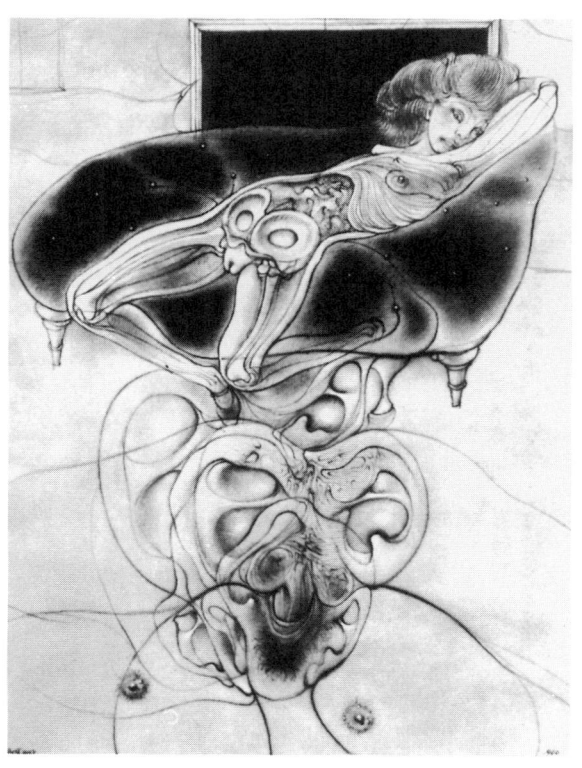

Hans Bellmer: Vergewaltigung, 1960

SIE KENNEN MEIN NACHTGESICHT NICHT

Sie kennen mein Nachtgesicht nicht
Meine Augen wie Pferde die verrückt sind nach Raum
Meinen Mund bunt angemalt mit unbekanntem Blut
Meine Haut
Meine Finger Wegweiser perlend vor Lust
Werden Ihre Wimpern zu meinen Ohren meinen
      Schulterblättern geleiten
Zur offenen Flur meines Fleischs
Die Stufenreihen meiner Rippen zieh'n sich zusammen
      bei dem Gedanken
Daß Ihre Stimme meine Kehle ausfüllen könnte
Daß Ihre Augen lächeln könnten
Sie kennen die Blässe meiner Schultern nicht
Des Nachts
Wenn die halluzinierenden Flammen der Alpträume
      Schweigen verlangen
Und die weichen Mauern der Realität einander
      umschlingen
Sie wissen nicht daß die Düfte meiner Tage sterben
      auf meiner Zunge
Wenn die Botschaften kommen mit den wehenden
      Messern
Daß nur meine stolze Liebe bleibt
Wenn ich im Schlamm der Nacht versinke

IM DUNKEL ZUR LINKEN

Warum meine Beine
Um deinen Hals
Hautenge bauschige dunkelblaue Krawatte
Eintöniger Vorraum des lachenden Risses
Weiße Oliven der Christenheit
Warum sollte ich warten vor einer verschlossenen Tür
Flehend und zagend ein glutheißes Violoncello
Habt Kinder
Durchtränkt euer Zahnfleisch mit seltenen Essig-
    essenzen
Das zarteste Weiß besitzt eine schwärzliche Tönung
Euer Penis ist zarter
Als das Gesicht einer Jungfrau
Entnervender als das Mitleid
Ein federfuchsendes Werkzeug unglaublichen
    Durcheinanders
Auf Wiedersehen lebwohl es ist aus good-bye
Das Verlangen mit seinem grandiosen Erblüh'n ist
    versiegt
Zurückkehren werden
Ungestümer und heftiger
Jene malvenfarbenen Bonbons mit den frömmelnden
Drängenden und tetanischen Ohnmachten
Die hitzigen Alpträume des Nachmittags
Ohne dich

Mimi Parent: Krawatte aus Frauenhaar, 1959

DER SCHATTEN MEINES WAHNS

Wenn ich Fleisch verzehre
Wenn ich mit den Händen deine Augenlider zerfetze
Wenn ich das Hirn verspeise meines besiegten
    Feindes
Wenn ich meinen Schamberg mit Ratten vermine
    die faule Zähne haben
So nicht um Rache zu nehmen
Mein Fluß fließt unbehindert
Meine Schmiede von blinden Handwerkern übervölkert
Blies unlängst nur um besser deine Leidenschaft zu
    schüren
Meine Träume zitterten nur in den Augen der Krokodile
Die Liebe ist der versperrte Ausweg aus der Hostie
Dem Boden entrissen
Mit Dreck beschmiert und immerfort
Gestikulierend
Werden meine Feinde mein Feind mein Geliebter
Bald festlich gestimmt
Auf dem Grabe meines in Leichentücher gehüllten
    Unterleibs tanzen
Ein Steg aus Brettern
Eine Palisade aus Baumstämmen
Ein Wald ein riesiges Ei
Ein Baum
Ein Mast mit schweren Segeln die tiefer hängen
Als der von vorn betrachtete Horizont wenn der Mond
    sich nicht länger beherrscht
Alles stürzt
Ein Monat ein bloßer Monat trennt mich von diesem
    anderen Grün
Mein Haß zerteilt sich zu Schluchzern zu winzigen
    Tröpfchen Blut
Und wenn ich Augenhöhlen bohre in den Samenapfel
Deines Fleisches

Wenn ich mich räche indem ich den Fisch-Vogel
    schnappe
Der noch jungfräulich ist in seiner Schale
Wenn ich mein Lager beflecke
Wenn ich deinen Namen brülle zwischen meinen
    Kiefern hindurch die auf immer versiegelt sind
Vom Vergessen
So deshalb weil ich fühle wie dein Sperma in meine
    Nasenlöcher strömt die noch offengehalten
    werden
Von den treibenden Kräften der langen Nacht
Werde ich aus dem Schlaf hochfahren
Zu spät
Ich habe in dreißig rasenden Nächten dein Leben
    getrunken
Keiner kann das Böse bezwingen das er im Traume tut
Wie viele Tränen in meiner tiefschwarzen Nacht

Alle von Joyce Mansour

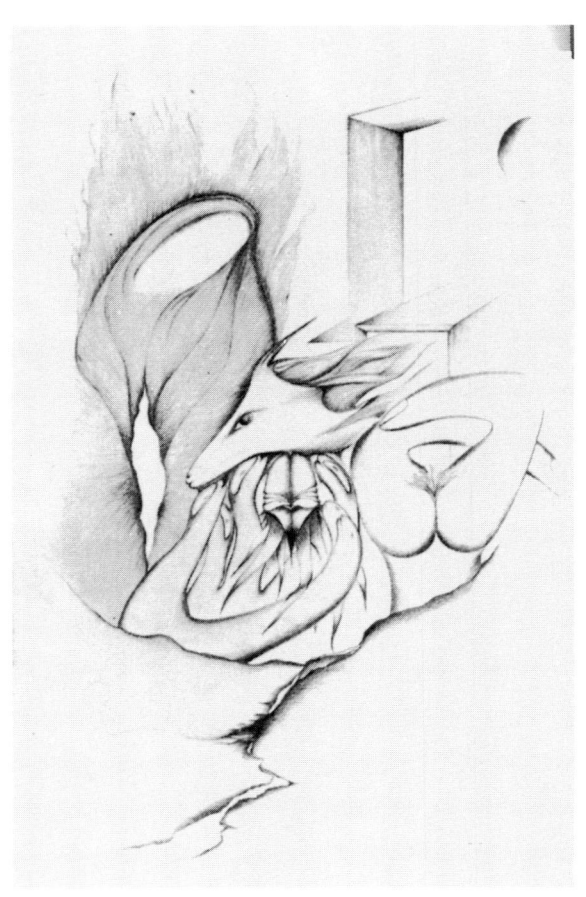

*Marie-Jo Gruger: Selbstporträt von Marie-Jo und Jean,
o.J. (70er Jahre)*

LEICHTES SPIEL

Ursula hat nicht nur guten Umgang. Wir sind in Mon-
summano Terme zur Kur – warum weiß ich auch nicht.
Ihr tut nichts weh, und sie hat mit ihren dreißig Jahren
noch eine Mädchenfigur. Ich bin sechzehn und weiß
nicht, was das bedeutet: „leiden in seinem Fleische";
auch nicht in seinem Herzen oder im Geist. Ursula hat
sich mit der vierzigjährigen Frau eines dicken Bonzen
von der Minneapolis-Gesellschaft angefreundet, der
aus den Vereinigten Staaten ausgewiesen worden und
in sein Geburtsland zurückgekehrt ist, betucht genug,
um auf fürstlichem Fuß zu leben und zum Beispiel
einen Maserati zu besitzen, eines der teuersten Auto-
mobile der Welt. Eleonora ist eine schöne, hochgewachsene Frau mit zu einem Knoten zusammengebun-
denen schwarzen Haaren; sie hat sich schon bald
unseren Vergnügungen angeschlossen.

Beim ersten Mal, als ich sie nackt sah, war ich es, der
sie ausgezogen hatte; mir war dabei gewesen, als zer-
pflückte ich einen Strauß Feldblumen. Dennoch war
ich nicht auf Anhieb Feuer und Flamme: ihre ein wenig
gepolsterte Taille, ihre recht üppige Brust stachen
gegen Ursulas Zierlichkeit ab. Aber war es gerade
dieser Gegensatz? Es dauerte nicht lange, bis ich
„stand" und dann zu stöhnen anfing, als sie sich vor
mich hinkniete und mir mit Lippen und Zunge das Ver-
schlußkäppchen abnahm. Ihre warmen und kühlen,
zarten und festen Schultern bewegten sich unter meinen Handflächen wie der Rücken einer Katze.

Kräftig, wie sie war, warf sie mich, das Kopfkissen beiseite schleudernd, der Länge nach aufs Bett, und ich
fing an, das fest an mein Gesicht gedrückte Beste von
ihr zu lecken, zu saugen und zu lutschen, wobei ihre
glatten Hände in meinem Nacken spielten und ihre
straffen, braunen Schenkel mir die Wangen zusam-

menpreßten. Ich trank aus ihr, es schmeckte besser als alles, Saft und Schweiß ein Himmelslikör. Sie bewegte sich vor und bewegte sich zurück, so hatte ich die Blüte und hatte die Frucht.

Er stand mir, daß es wehtat. Ursula setzte sich auf mich. Meine Klinge drang in ihre Hülle, dann in ihr Futteral, denn auch sie bewegte sich vor und zurück, ihre Arme, unter meinen Rücken geschoben, preßten mich an ihre Haut, ich war straff wie ... ja, wie ein Bogen. Ich dachte an ihre blonden Haare, die wie ein Regen über die dunkle Mähne Eleonaras fielen, in deren harte Hinterbacken ich meine Zähne grub, während ihre Rosenknospe vielleicht von Ursulas Zunge gestreichelt wurde – was weiß ich, es grenzt ja ans Wunderbare, was eine Frau so alles mit ihrer Gelenkigkeit anzustellen versteht. Ich zerfloß, ich starb vor Leben, lebte vor Sterben, als sie die Deckstellung wechselten: Ursula nun auf meinem Gesicht, Eleonora auf meinem Bauch.

Sie wetzten sich an mir, und auch ich bediente sie eifrig, das alles schweigend, von kurzen Aufschreien abgesehen.

Vier Wochen lang war es so schön, als ob ich träumte. Ich weiß nicht, ob ich gegessen, ob ich getrunken, ob ich geschissen habe. Es war so schön, als ob ich träumte. Ich habe noch nie ein so hübsches Delta gesehen wie dasjenige Eleonoras. Ich wäre weit weniger glücklich gewesen mit zwei Knaben oder zwei Mutterschweinen und vielleicht sogar mit zwei großen Vögeln.

Louis Scutenaire

Jean Benoît:
Arschaufreißer
(Spazierstockgriff),
60er Jahre

AM UFER

Er wünscht sich in diesem Augenblick von ganzem Herzen, auf dem umgestülpten Trog vor dem Försterhaus auf dem spinatgrünen Wandbild zu sitzen. Die Försterwitwe setzt sich neben ihn, ein wenig vorgebeugt eine Eidechse beobachtend, die sich, da der Tag zur Neige geht, auf einem flachen Stein neben dem Krähenaugenbeet wärmt. Die schweren Brüste der Frau hängen ihr bis zu den Knien herab, ihr entströmt ein aufreizender Geruch von milchigem Schweiß. Sie wendet ihm halb den Kopf zu und streicht verlegen eine Haarsträhne, die ihr über die Augen gefallen ist, hinüber zur rechten Schläfe. Sie ist ernst. Während sich ihre Schenkel ein wenig öffnen, verbirgt sie die Augen hinter Lidern, die blaß sind wie Elfenbein. Es ist spät. Unten im Dorf läutet die Abendglocke. „Ich bin nicht frigide", sagt sie leise und berührt mit der Fingerspitze die Eidechse, die blitzartig im dunklen Gras verschwindet. Er steht auf, und auch sie erhebt sich. Unschlüssig beobachtet sie, was er tut. Er faßt sie leicht an der Schulter, die wie unter dem Anhauch des Todes zu zittern beginnt. Er führt sie fort, diese Beute, deren ganze Lust das Gefühl ist, gefangen zu sein, geht mit ihr ins Haus und macht die Tür hinter sich zu. Er nickt. So ungefähr. Ja, so ungefähr sollte gegebenenfalls ein Leben aussehen, das noch einen Anschein von Sinn besitzt. Als er gebannt vor der Fleischmonstranz zwischen ihren Beinen kniet, weiß er, daß diese Begierde, dieser alles mit sich reißende Strom der Berauschtheit, an dessen Ufer er sich legt, das einzige ist, für das es sich überhaupt zu leben lohnt.

Milan Nápravnik

ÄHNLICHKEITEN

Sie gewöhnt sich rasch
an die Last und die Sporen,
wiehert allein so laut
wie eine Koppel von Rassestuten,
und wenn ich die Zügel schießen lasse,
galoppiert sie auf meinem Unterleib.

BEIM SPAZIERENGEHEN

Ist es Park oder Wald?
Ich bin darin Wolf,
obwohl sich hinter dem winzigen Slip
des Anstands und der guten Erziehung
und dem englischen Schnitt der Kleider
meine schwarze Gier verbirgt.

FLIRT

„So sanft Ihr Blick ..."
Sie schließt die Augen.
„Der Liebreiz Ihres Halses ..."
Sie schlägt ihren Nerzkragen hoch.
„So zart ..."
Sie bedeckt sich mit Stacheln.
„Ein federnder Gang ..."
Sie macht sich bleischwer.
„Das hübsche Kleid ..."
Sie zieht sich aus.

José Pierre

DIE FAHLEN FIEBRIGEN
NACHMITTAGE DER·STÄDTE

für Toyen

Fahle fiebrige Nachmittage der Städte, wie die jungen Plätterinnen nehme ich euch in den Mund.

Meine Angst, über welches Zusammenzucken der Erinnerung werden wir stolpern bei unserem Lauf übers Heideland dieser Haut, die ich erstmals entziffre?

Am Rande der schwarzen und weißen Weiden des Bettes ist mir lauwarm ein Fluß ins umgedrehte Ohr geflossen.

Die vier Ecken der Augenkammer zieh'n sich am Ende des Schleimhautkanals auseinander zu einem Stirnband.

Ihre Kniescheiben, meine jugendlichen Gaspedale, die wie Quecksilber unter mich sinken.

Die großen Plätze, davontreibend unterm Flanell der Finger.

Schweigend ließ sie sich lecken, bis der Morgen auf die Stirn der Vorstädte trat.

Die Laken des Tages haben uns in die ohrenbetäubenden blauen Zisternen der Düfte geschleudert.

Von dem feuchten Theater, das jedesmal einstürzt, bleibt ausweichend das scharlachrote Gelächter der Beine zurück, um die Piratenkielspur unsrer ausgebreiteten Bäuche zu schlucken.

Und die lange Liebkosung gewachster Parkette auf unseren Hüften, die vor Hitze fast weiß sind.

In den Badezimmern haben Ihre großen Tiere, gierig und zart, mich geschminkt, tätowiert, parfümiert und skalpiert, erbarmungslos meinen Kopf hochhaltend vor dem flüssigen Spiegel der Bewußtlosigkeit.

Es wird immer ein kleines Mädchen geben, aschfahl

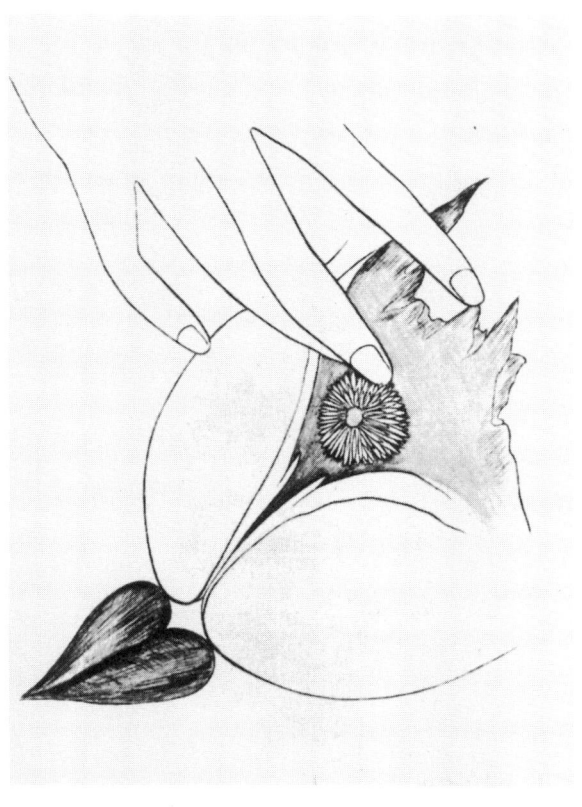

Toyen: Zeichnung, 1967

und lächelnd, tief im verbrecherischen Wald Ihrer Erektionen.

Ganz dicht an den Adern werde ich Ihren Nacken reiten, bis unsre Gier sich als bleierner Umhang über meine zitternden Schultern legt.

Werden Sie immer so frohlockend von Ihren einsamen Gängen zwischen den gläsernen Gassen wiederkehren, um mich mit der Spitze der Handschuhe rasend zu machen?

Warten Sie nicht mehr darauf, daß wir uns finden im Verdämmern des Tages: allein geblieben, hab' ich Sie längst auf meinem Leib zertrampelt.

Im Urwald des Fahrstuhls haben Sie das rote Knöpfchen gedrückt, bis unsre prächtigsten Kletterpflanzen zuckend erstarrten.

Es gibt Gesäße so schön wie, verstohlen, der Schatten der Steine unter den glühenden Mittagsfüßen.

Senkrecht zu Ihnen finde ich die verschlungene Blässe wieder, die Sie unwiderstehlich in die durchscheinenden Gräser meiner Wirbelsäule steigen lassen.

Wir werden lange mit den letzten rosanen Streifen unsrer Entfernungen spielen, um sie lebendig den Raubtieren vorzuwerfen, die in den Stollen unsrer leeren glatten Gehirne näherrücken.

Das hübsche Wogen der Kleider, die die sofortige Nacktheit schon gierig verschlungen hat.

Ich hab' mich von Ihrem Schatten entzweischneiden lassen an diesem Sonntag im Winter, an dem Sie durch mein Leben gegangen sind.

Annie Le Brun

DIE ALLMACHT DER BEGIERDE

Auf rund sechzig Seiten eine Auswahl erotischer Werke des Surrealismus vorzustellen, ist ein Unterfangen, das sozusagen in einem umgekehrt proportionalen Verhältnis zu der Schwierigkeit steht, die berühmte Nadel im Heuhaufen zu finden. Oder anders ausgedrückt: hier läuft man Gefahr, vor lauter Bäumen den Wald nicht mehr zu sehen. Denn was ist nicht erotisch im Surrealismus? Zu Recht konnte André Breton 1959 anläßlich der großen Surrealismus-Ausstellung „EROS" feststellen, daß „das, was die surrealistischen Werke jenseits ihrer extremen Disparatheit der Mittel und der äußeren Gestalt als solche kennzeichnet, in erster Linie ihre erotischen Implikationen sind". Dabei geht es nicht einmal primär um Werke: Jenseits von Literatur und Kunst ist der Surrealismus das leidenschaftliche Bemühen, das Leben des Einzelnen und der Gesellschaft dadurch auf eine neue Grundlage zu stellen, daß an die Stelle des Realitätsprinzips, das seit jeher – und zumal im bürgerlichen Zeitalter – die abendländisch-christliche Zivilisation beherrscht, das **Lustprinzip** gesetzt wird. Dieses allein entspricht nach Ansicht der Surrealisten den wahren Bedürfnissen des Menschen, weil dessen innerstes Wesen das Verlangen nach Lust sei: **Begierde.**

Begierde im geschlechtlichen Sinne ist der Wunsch des Menschen, mit einem anderen Menschen geistig und körperlich eins zu werden. Darüber hinaus aber ist sie ganz allgemein der Drang, die Grenzen des Bewußtseins und der Individualität zu sprengen und in der Überwindung der Restriktionen des überkommen Subjekt-Objekt-Denkens tendenziell mit **allen** Dingen außerhalb seiner selbst zu verschmelzen. Schon für die Romantik, deren Ideen der Surrealismus in aktualisierter, radikaler Form aufnimmt und weiterentwickelt, ist dies der Sinn der **Poesie**, deren „großer Zweck der Zwecke", wie Novalis erklärt hat, die **„Erhebung des Menschen über sich selbst"** ist. Zweck dieser Erhebung wiederum ist es, den Menschen der Ganzheit des Wirklichen, also eines Höchstmaßes an **Sein** – der „surréalité" – teilhaftig werden zu lassen. Romantik wie Surrealismus haben die enge Verwandtschaft von poetischem und erotischem Akt betont. Der Geist der Liebe, fordert Friedrich Schlegel, müsse in der romantischen Dichtung überall anwesend sein, und in einem Gedicht Bretons heißt es lakonisch: „Die Poesie wird im Bett gemacht wie die Liebe ..." Sie wird insofern im Bett gemacht, als die Imagination als Instrument des poetischen Denkens eine essentiell libidinöse Tätigkeit oder Fähigkeit ist: Sie „wendet sich instinktiv von allem ab, was nichts zu **wünschen** übrig läßt", wie der belgische Surrealist Marcel Havrenne bemerkt hat. Insbesondere die surrealistische Imagination ist so sehr Begierde, daß sie alles zu erotisieren trachtet, was sie berührt. Ein Beispiel dafür ist Bretons Text „Pont-Neuf" (1950), in dem sogar eine Stadt (Paris) als verführerischer weiblicher Körper erscheint. Insofern sich das surrealistische Projekt im Grunde als Versuch einer poetischen Revolution darstellt, muß es auch als Bemühung verstanden werden, die „Allmacht der Begierde" (Breton) von einer latenten, verdrängten zu einer manifesten, allgemein akzeptierten und vor allem gesellschaftlich wirksamen Tatsache zu machen. Schon bei den Romantikern begegnet man, in anderer Formulierung, dem surrealistischen Postulat „Il faut repassionner la vie" (Das Leben muß wieder mit Leidenschaft erfüllt werden), und bereits Novalis und seine Freunde vertraten es mit solchem Nachdruck, daß sie die Liebe, diese sublimierteste Form der Erotik, in den Rang einer diesseitigen Religion erhoben. „Hört auf", schrieb dann ein gutes Jahrhundert später auch der Surrealist Louis Aragon, „allem, was nicht einzig und allein die Liebe ist, einen absurden Kult zu widmen. Es ist Zeit, die Religion der Liebe einzuführen."

Bei der Auswahl der nachfolgenden Texte und vor allem der Bilder wurde darauf geachtet, nicht nur Werke des „klassischen" Surrealismus vorzustellen, sondern soweit als möglich auch die zweite und dritte Surrealisten-Generation zu repräsentieren. Ferner ging es darum, wenigstens andeutungsweise das reiche erotische Vokabular der surrealistischen **Frauen** zu dokumentieren, die gegenüber den Männern keineswegs eine verschwindende Minderheit darstellen, wie häufig behauptet wird. Die von Breton angesprochene Disparatheit charakterisiert selbstredend auch den Bereich der surrealistischen Erotik: Da die Imagination im Surrealismus an keinen ästhetischen Kanon gebunden ist und auch sonst von keiner Zensur eingeschränkt wird, ist das Spektrum seiner erotischen Vorstellungen sehr breit. So wenig wie diese die unsägliche, aber immer noch dominierende christliche Moral respektieren, beachten Texte und Bilder die Grenzen zwischen den herkömmlichen Formen und Kategorien, etwa zwischen Liebesgedicht und pornographischem Text. Wesentlich ist allein, so Breton, „die Wege der Begierde nicht hinter sich zuwuchern zu lassen".

H.B.

QUELLENNACHWEIS

Paul Eluard: Karo-Dame (Aus: Les Dessous d'une vie ou La pyramide humaine, 1926), (c) Ed. Gallimard, Paris

Robert Desnos: Der Club der Spermatrinker (Aus: La Liberté ou l'amour!, 1927; dt. Die Abenteuer des Freibeuters Sanglot, 1973), (c) Rogner & Bernhard, München

Philippe Soupault: Georgette (Aus: Les dernières nuits de Paris, 1928; dt. Die letzten Nächte von Paris, 1982), (c) Verlag Das Wunderhorn, Heidelberg

Benjamin Péret: Die mild gewordenen Geier (Aus: Les Rouilles encagées, 1928), (c) Ed. Nautilus, Hamburg

Louis Aragon: Irènes Möse (Aus: Le Con d'Irène, 1928; dt. Irène, 1969), (c) Eichborn-Verlag, Frankfurt/M.

André Breton / Paul Eluard: Die Liebe (Aus: L'Immaculée Conception, 1930; dt. Die unbefleckte Empfängnis, 1974), (c) Rogner & Bernhard

André Breton: Die wilde Ehe (Aus: L'Union libre, 1931), (c) Ed. Gallimard

Paul Eluard: Geteilte Nächte (Aus: La Vie immédiate, 1932), (c) Ed. Gallimard

René Char: Der Proviant für den Rückweg (Aus: Placard pous un chemin des écoliers, 1936), (c) Ed. José Cori, Paris

Benjamin Péret: Quelle (Aus: Je sublime, 1936), (c) Ed. Nautilus

Jacques Prévert: Es war im Sommer (Aus: Fatras, 1966), (c) Ed. Gallimard

Malcolm de Chazal: Analogien und Aphorismen (Aus: Sens plastique, 1947), (c) Ed. Gallimard

Paul Nougé: Mittagspassage (Aus: Christian Bussy, Anthologie du surréalisme en Belgique, 1972), (c) Ed. Gallimard

Marcel Mariën: Kanon(e) (Aus: Christian Bussy, op. cit.), (c) Ed. Gallimard

Zdena Holubová: Gedicht (aus unveröffentlichten Manuskripten), (c) Milan Nápravník, Köln

Joyce Mansour: Gedichte (Aus: Cris, 1953; Déchirures, 1955; Rapaces, 1960; Carré blanc, 1965; Faire signe au machiniste, 1977), (c) Samy Mansour, Paris

Louis Scutenaire: Leichtes Spiel (Aus: Christian Bussy, op. cit.), (c) Ed. Gallimard

Milan Nápravník: Am Ufer (aus einem noch unveröffentlichten Manuskript), (c) Milan Nápravník, 1969

José Pierre: 3 Gedichte (Aus: Le Testament d'Horus, 1971), (c) José Pierre, Paris

Annie Le Brun: Die fahlen fiebrigen Nachmittage der Städte (Aus: Les pâles et fiévreux après-midi des villes, 1972), (c) Annie Le Brun, Paris

INHALT